FULL SCORE

ECW-0079

「ロンド・スケルツォ」～フルート4重奏のための

Rondo-Scherzo for Flute Quartet

作曲：野呂 望
Nozomu Noro

フルート4重奏

Flute 1
Flute 2
Flute 3
Flute 4

「ロンド・スケルツォ」〜フルート4重奏のための

フルート4重奏

■作曲者コメント

　2018年秋作曲。音楽形式の種類を表す「ロンド」と、楽曲の性格を表す「スケルツォ」を合わせた、一種の「性格的小品」です。分かりやすく、かつフルートアンサンブルの楽しさや、それに加えて難しさなども味わえるようなテイストに仕上げました。調性のfis mollやE dur、8分の3という拍子もその意図の表れで、普段あまり触れることのない曲調にも取り組んでみてほしいという思いから設定しています。主題部と再現部のAllegretto部分では、はっきりとしたタンギングと細かな強弱の変化が求められます。中間部では曲調をガラッと変え、ドラマチックな歌い込みができるかがポイントになると思います。メリハリの効いた、豊かな演奏を目指してみてください。

(by 野呂 望)

■作曲者プロフィール　野呂 望　Nozomu Noro

　神奈川県厚木市出身。県立厚木西高等学校卒業、昭和音楽大学作曲学科作曲コース卒業。同大大学院音楽研究科修士課程音楽芸術表現専攻(作曲)修了。作曲を秋田和久、都倉俊一、後藤洋、李建鏞(イ・ゴニョン)の各氏に師事。第4、5、6回音楽大学オーケストラフェスティバルにてファンファーレを作曲。SHOWAフレッシュアーティスト・コンサート2016に出演。テアトロ・ジーリオ・ショウワ・オーケストラ第13回定期演奏会にてオーケストラ作品が初演。昭和ウインド・シンフォニー第18回定期演奏会にて、吹奏楽作品『あなたとワルツを踊りたい』が演奏される。日本トロンボーン協会主催トロンボーン ピース・オブ・ザ・イヤー2017作曲賞入賞。21世紀の吹奏楽"響宴"第21回入選。

「ロンド・スケルツォ」〜フルート4重奏のための
Rondo-scherzo for Flute Quartet

Nozomu Noro

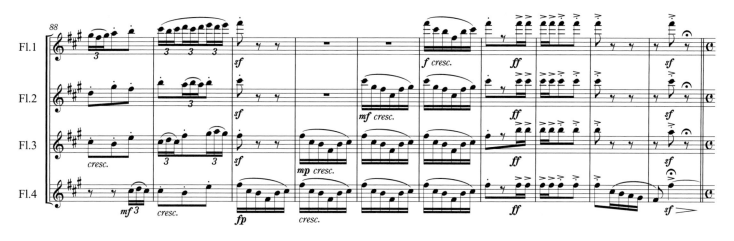
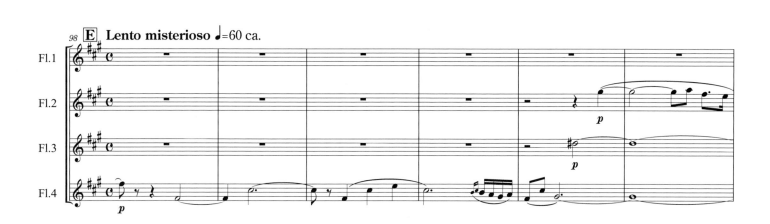

ご注文について

ウィンズスコアの商品は全国の楽器店、ならびに書店にてお求めになれますが、店頭でのご購入が困難な場合、当社WEBサイト・電話からのご注文で、直接ご購入が可能です。

◎当社WEBサイトでのご注文方法

http://www.winds-score.com

上記のURLへアクセスし、WEBショップにてご注文ください。

◎お電話でのご注文方法

TEL.0120-713-771

営業時間内に電話いただければ、電話にてご注文を承ります。

※この出版物の全部または一部を権利者に無断で複製(コピー)することは、著作権の侵害にあたり、著作権法により罰せられます。

※造本には十分注意しておりますが、万一、落丁・乱丁などの不良品がありましたらお取り替えいたします。また、ご意見・ご感想もホームページより受け付けておりますので、お気軽にお問い合わせください。